Saca este telescopio para buscar objetos en el libro. Deslízalo bajo las hojas transparentes y muévelo para encontrar todos los objetos de la guía del observador.
Cuando no lo estés utilizando, coloca aquí tu telescopio para que no se estropee.

Guarda tu telescopio aquí.
¿Puedes encontrar estos objetos en el libro?
¿Sabes lo que son?

VIAJE AL ESPACIO

La Tierra es sólo un planeta del sistema solar. Orbita alrededor de una estrella: nuestro Sol. En una noche clara, cuando se pone el Sol, podemos ver otras estrellas y planetas en el cielo. Los astrónomos han cartografiado esas estrellas y planetas, así como otras maravillas como cometas, nebulosas y agujeros negros. Nos ayudan a comprender estas maravillas del universo.

Gracias a los telescopios y las sondas espaciales, hemos descubierto mucho sobre la Luna y los planetas del sistema solar. Hace más de cincuenta años, los astronautas aterrizaron en la Luna, y se espera que pronto se realicen nuevas misiones. Los satélites y las estaciones espaciales orbitan nuestro planeta y nos proporcionan nueva información, mientras que los robots exploran la superficie de Marte en busca de indicios de vida primitiva.

Vivimos en uno de los muchos sistemas solares de una galaxia llamada Vía Láctea. Hay millones de otras galaxias en nuestro universo, cada una con miles de millones de estrellas. Algunas estrellas tienen planetas como el nuestro, pero otros son tan diferentes que cuesta incluso imaginarlos.

Los astrónomos pueden orientarse en el cielo nocturno utilizando patrones de estrellas llamados constelaciones. Líneas imaginarias unen las estrellas para formar imágenes de héroes y criaturas legendarias. Las constelaciones se utilizaban para ayudar a los marineros a navegar después del anochecer.

A medida que la Tierra orbita alrededor del Sol y pasa el año, se pueden ver diferentes constelaciones en el cielo, [illegible] siempre hay algo

EL SISTEMA SOLAR

El sistema solar es nuestra parte local del espacio, donde la Tierra y otros siete planetas (Mercurio, Venus, Marte, Júpiter, Saturno, Urano y Neptuno), asteroides y cometas viajan alrededor del Sol. Sólo la Tierra tiene agua líquida en la superficie y una atmósfera que podemos respirar.

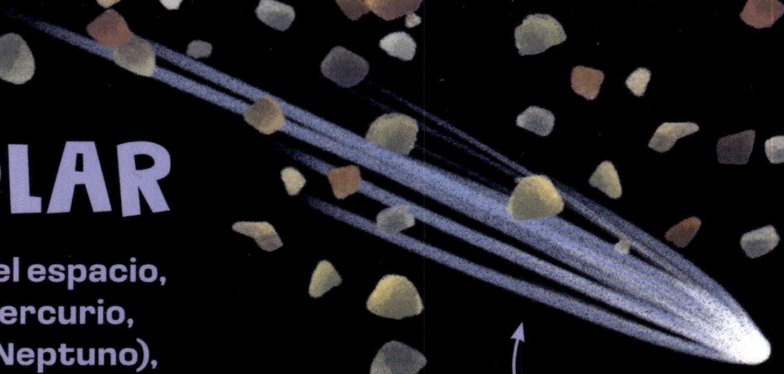

COMETAS

Una *cometa* es una bola de nieve espacial sucia. Cuando se acerca al Sol, forma una cola de gas y polvo brillante.

ENERGÍA SOLAR

El *Sol* es una estrella, una enorme bola de plasma (gas supercaliente) que produce calor y luz. El Sol es sólo una de los miles de millones de estrellas de nuestra galaxia, la *Vía Láctea*.

MUCHAS LUNAS

Todos los planetas, excepto *Mercurio* y *Venus*, tienen *Lunas*. La Luna de la Tierra ha sido visitada seis veces por tripulaciones de astronautas.

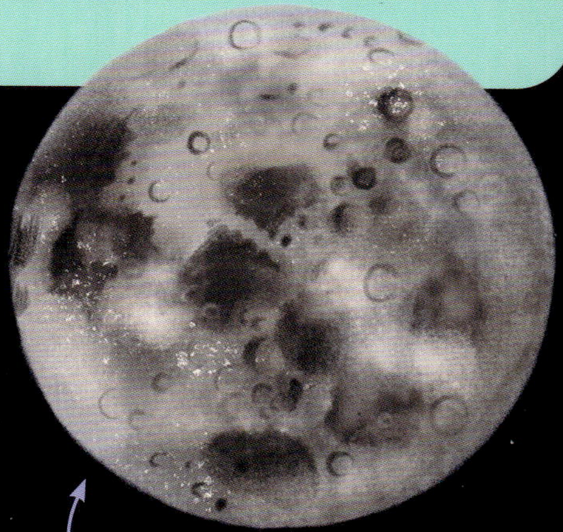

GIGANTE GASEOSO

El planeta más grande del sistema solar es *Júpiter*. Tiene 95 Lunas orbitando a su alrededor, entre ellas *Europa*, *Io*, *Ganimedes* y *Calisto*. Júpiter es tan grande que podría contener 1320 Tierras. Lo que vemos del planeta es una mezcla giratoria de gases. La *Gran Mancha Roja* de Júpiter es una tormenta que lleva girando al menos 300 años.

PLANETA ANILLADO

El gigante gaseoso *Saturno* tiene 145 Lunas, incluida *Titán*, que es más grande que el planeta Mercurio. Los anillos de *Saturno* están formados por hielo y rocas.

¿QUIÉN ES QUIÉN?

Todos los planetas, excepto la Tierra, recibieron nombres de dioses romanos, incluido Plutón, un planeta enano situado

LA LUNA

Orbita nuestro planeta cada 27 días, es el satélite de la Tierra. Es una bola de roca polvorienta sin vida, con muy poca atmósfera y cubierta de cráteres formados por el impacto de asteroides durante millones de años. Debido a que la Luna tarda el mismo tiempo en girar sobre su eje que en orbitar la Tierra, sólo vemos una cara desde nuestro planeta.

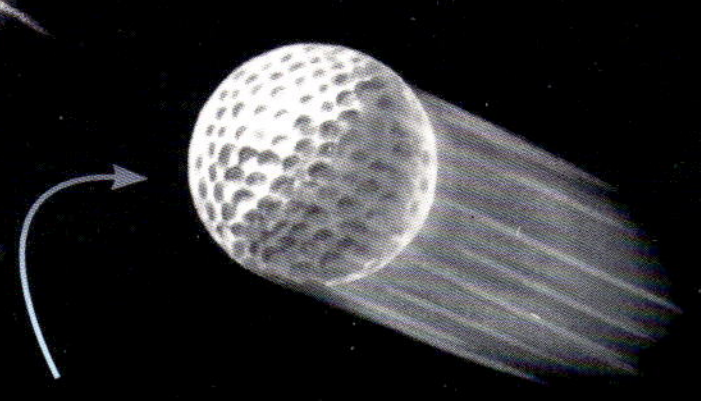

El astronauta del Apolo 14 Alan Shepard probó la baja gravedad de la Luna golpeando pelotas de golf por su superficie en 1971. Las pelotas siguen allí.

EL HOMBRE EN LA LUNA

Los seres humanos pisaron la Luna por primera vez el 20 de julio de 1969, cuando la misión espacial estadounidense Apolo 11 alcanzó con éxito la órbita lunar y bajó el módulo lunar Apolo a una zona llana y seca llamada Mar de la Tranquilidad. El primer ser humano en pisar la superficie lunar fue el astronauta Neil Armstrong.

Astronauta del Apolo

MISIONES LUNARES

Entre 1969 y 1972, doce hombres pisaron la Luna. Además de sus huellas y una bandera para marcar su llegada, dejaron muchas cosas atrás, entre ellas un vehículo lunar y una cámara. Estos objetos eran demasiado pesados para traerlos de vuelta a la Tierra. Los astronautas también dejaron recuerdos, como una foto familiar y un memorial en honor a los astronautas que habían fallecido en misiones anteriores.

PRIMEROS ATERRIZAJES

Antes de que los astronautas llegaran a la Luna, se lanzaron varias naves espaciales desde la Tierra para investigarla. La primera en realizar un aterrizaje forzoso fue la nave rusa Luna 2 en 1959. La sonda espacial estadounidense Surveyor 1 fue la primera en realizar un aterrizaje suave en 1966. Fue capaz de enviar información a la Tierra sobre las condiciones de la superficie lunar.

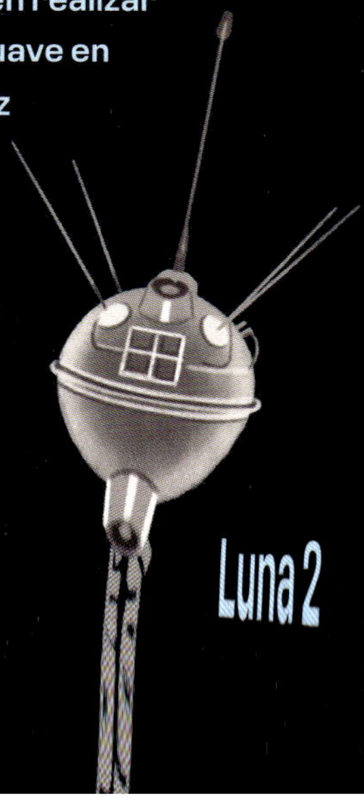

Luna 2

CRÁTERES

La Luna está salpicada por cráteres de impacto como Copérnico y Tycho, que llevan el nombre de astrónomos, y el trío de cráteres Ptolomeo, Alfonso y Arzachel. Se cree que Tycho se formó tras una colisión hace 108 millones de años.

MONTAÑAS Y VALLES

La Luna tiene montañas y valles igual que la Tierra. Los montes Apenninus forman una cordillera de 600 km de largo, con algunos picos de 5 km de altura. El Vallis Alpes es un valle lleno de lava que se enfrió hace millones de años. Rupes Altai es un acantilado escarpado de unos 500 km de longitud.

LANZADO DESDE LA TIERRA

El Sputnik fue el primer satélite artificial lanzado a la órbita terrestre en 1957. Desde entonces, se han enviado miles más al espacio para informar sobre el tiempo y enviar información a la Tierra. Las sondas lanzadas por cohetes han tomado fotos de planetas lejanos y se han construido estaciones espaciales para que los astronautas vivan y trabajen.

Astronauta con UME

ESTACIONES ESPACIALES

Actualmente, hay dos estaciones espaciales operativas en órbita terrestre: la ISS, la EEI, lanzada en 1998, y Tiangong (Palacio en el Cielo), una estación espacial china lanzada en 2021. Ambas estaciones son utilizadas por los astronautas para la investigación científica. Las reparaciones las realizan los astronautas utilizando una UME (unidad de movilidad extravehicular) que les permite moverse libremente por el espacio.

MIRANDO A LAS ESTRELLAS

Los telescopios espaciales envían imágenes detalladas del espacio exterior a los científicos en la Tierra. El telescopio espacial Hubble se encuentra en la órbita terrestre.
El telescopio espacial James Webb orbita alrededor del Sol y graba imágenes a más de 13 000 millones de años luz de distancia.

SATÉLITES

Más de 4800 satélites orbitan sobre nosotros. Entre ellos se incluyen los satélites de comunicaciones utilizados por la televisión, la radio, los teléfonos y los dispositivos GPS en la Tierra, los satélites meteorológicos para controlar el tiempo, además de miles de satélites Starlink que proporcionan acceso a Internet en todo el mundo. Los satélites antiguos y otros desechos espaciales en órbita se rastrean desde la Tierra para evitar colisiones.

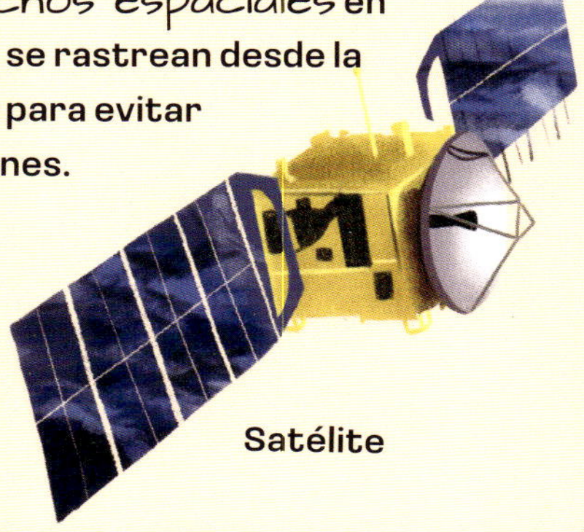

Satélite

HORIZONTES LEJANOS

Se han enviado sondas no tripuladas a todos los planetas del sistema solar. Entre ellas se incluyen: BepiColombo, una misión a Mercurio; Lucy, una sonda que observa asteroides; 2001 Mars Odyssey, una nave espacial robótica que investiga Marte; New Horizons, que pasó por el planeta enano Plutón; Juno, que orbita Júpiter; y Voyager 1, lanzada en 1977, que ya ha abandonado el sistema solar y es el objeto más lejano creado por el ser humano.

INFORMES METEOROLÓGICOS

Los globos meteorológicos llevan instrumentos hasta las alturas para medir la presión atmosférica, la temperatura, la humedad y la velocidad del viento. Estos objetos redondos y brillantes a veces se han confundido con ovnis (objetos voladores no identificados) o naves espaciales extraterrestres.

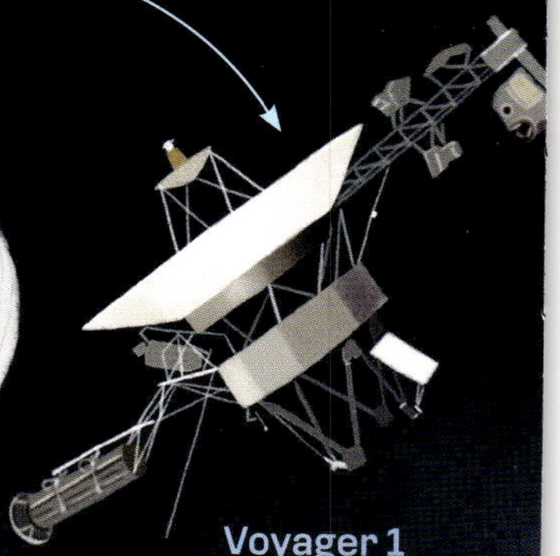

Voyager 1

ESPACIO EXTERIOR

Con los telescopios más grandes de la Tierra y del espacio, podemos ver mucho más allá de nuestro sistema solar, hasta diferentes galaxias y misteriosos agujeros negros. Podemos estudiar cómo nacen y mueren las estrellas y buscar planetas como el nuestro.

Próxima Centauri

Galaxia de Andrómeda

GRANDES GALAXIAS

La galaxia de Andrómeda es la más cercana a nuestra Vía Láctea y también tiene forma espiral. Hay billones* de galaxias en el universo conocido. Cada una está formada por millones de estrellas. Algunas galaxias reciben su nombre por cómo se ven desde la Tierra, como la galaxia Remolino, la galaxia del Sombrero, la galaxia Molinete y la galaxia Rueda de Carro.

* Un billón es un millón de millones (1 000 000 000 000).

ESTRELLA CERCANA

Próxima Centauri es la estrella más cercana a nosotros después del Sol, pero se necesitarían muchas vidas para llegar hasta ella. Las distancias en el espacio se miden en años luz, que es el tiempo que tarda la luz en recorrer la distancia que nos separa de ella. Próxima Centauri se encuentra a 4,2 años luz de la Tierra, lo que significa que su luz tarda más de cuatro años en llegar hasta nosotros.

LA VIDA DE UNA ESTRELLA

Las estrellas nacen en grandes nubes de gas y polvo llamadas nebulosas. Las nebulosas suelen recibir nombres basados en su apariencia, como la nebulosa del Anillo, la nebulosa de la Mancuerna y la nebulosa del Ojo de Gato. En las nebulosas, la gravedad atrae los gases y forma un núcleo caliente que se convierte en una estrella que puede durar miles de millones de años. Una vez que han consumido todo su combustible, las estrellas se expanden y se convierten en gigantes rojas o supergigantes rojas.

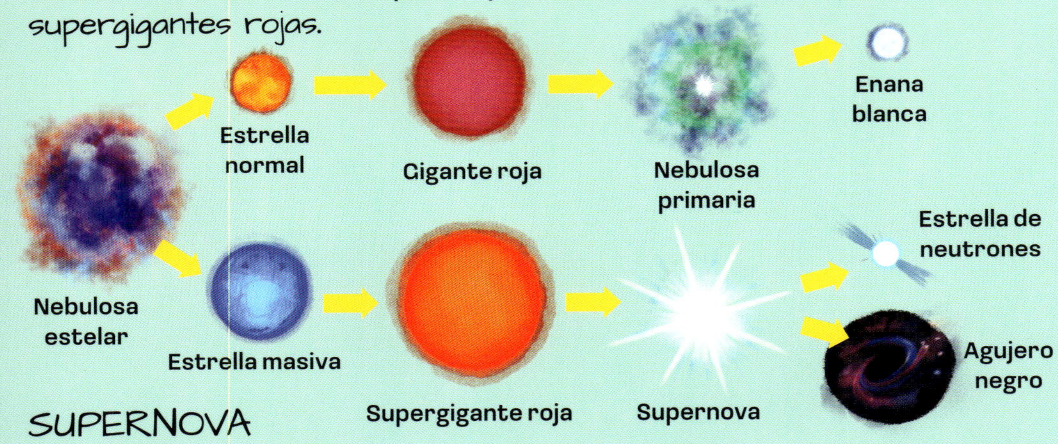

SUPERNOVA

Cuando una estrella masiva se queda sin combustible, la gravedad hace que colapse. La parte exterior de la estrella explota en forma de supernova brillante. La nebulosa del Cangrejo es lo que queda de una supernova que fue descubierta por los astrónomos hace más de 3000 años. En su centro hay una estrella de neutrones que gira rápidamente, tan pequeña como una ciudad terrestre, pero con la masa del Sol.

TAMAÑO GIGANTE

Las gigantes rojas y las supergigantes son estrellas enormes que están llegando al final de su vida. En unos 5000 millones de años, nuestro Sol se expandirá hasta convertirse en una gigante roja antes de colapsar y convertirse en una enana blanca.

AGUJERO NEGRO

Después de que una estrella realmente enorme explota, el núcleo colapsado puede convertirse en un agujero negro. La gravedad es tan fuerte alrededor de un agujero negro que nada puede escapar, ni siquiera la luz. Hay un agujero negro en el centro de la Vía Láctea. Algunos agujeros negros alimentan objetos muy brillantes llamados cuásares.

CONSTELACIONES

Hace mucho tiempo, para facilitar la navegación, la gente unió las estrellas para formar figuras llamadas constelaciones. Muchas culturas tienen sus propias constelaciones, pero las que se muestran aquí son las que utilizan muchos astrónomos. Las constelaciones ayudan a los astrónomos a localizar galaxias, nebulosas y otros objetos del espacio exterior en el cielo nocturno.

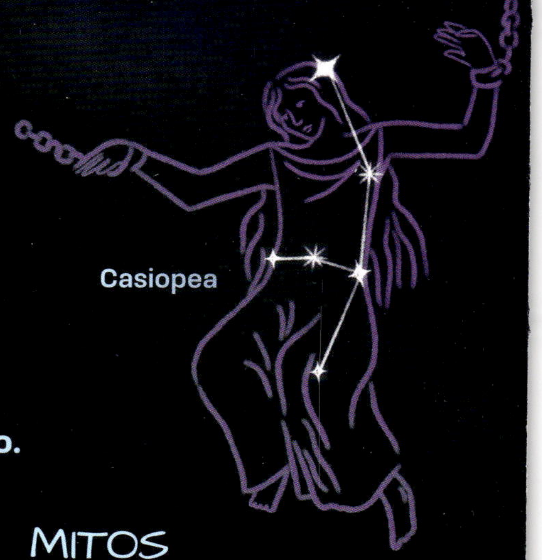

Casiopea

DOS OSAS

La Osa Mayor es famosa por las siete estrellas que la forman (es conocida como el Carro en España). La Osa Menor, la Pequeña Osa, incluye la estrella polar, situada en su cola. Ésta marca la dirección Norte.

En una noche clara, mira atentamente la segunda estrella de la parte del mango de la Osa Mayor. En realidad, son dos estrellas muy cercanas entre sí.

Osa Mayor

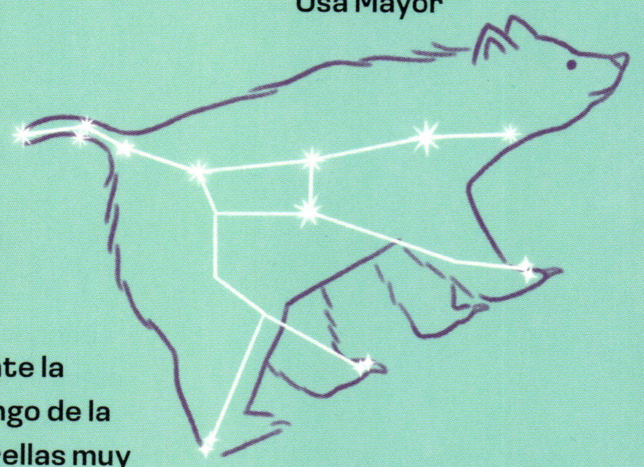

MITOS Y LEYENDAS

Muchas constelaciones representan personajes de leyendas griegas antiguas. El rey Cefeo era el esposo de Casiopea. Después de que Casiopea enfadara al dios del mar, éste envió un monstruo marino para atacar el reino. La hija de Cefeo, Andrómeda, fue ofrecida al monstruo antes de ser rescatada por el héroe Perseo en su caballo alado Pegaso.

Hércules

Tauro

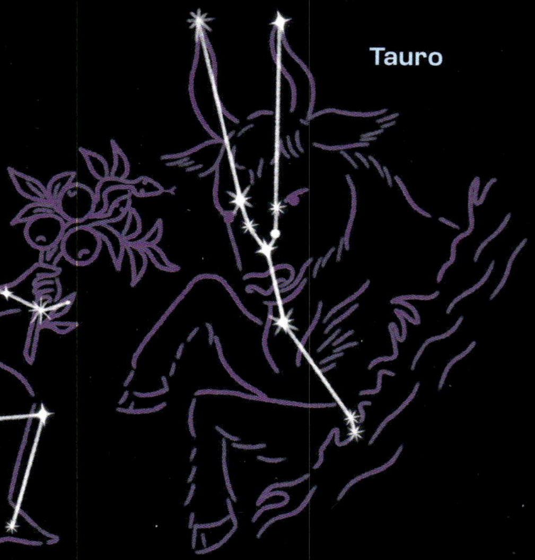

EL ZODÍACO

Los doce signos del Zodíaco aparecen en el cielo nocturno en diferentes épocas del año, en el orden de los meses que representan: Aries, el carnero; seguido de Tauro, el toro; los gemelos Géminis; Cáncer, el cangrejo, etc. Tauro es el más fácil de identificar porque su cabeza forma una V.

ANIMALES NOCTURNOS

Varias constelaciones representan animales. El Cisne es un cisne en vuelo, La Ballena es un monstruo marino, la Hidra es una criatura legendaria de muchas cabezas y el Dragón es un dragón. El Can Mayor es el Gran Perro y contiene la estrella más brillante del cielo, Sirio, también conocida como la Estrella del Perro.

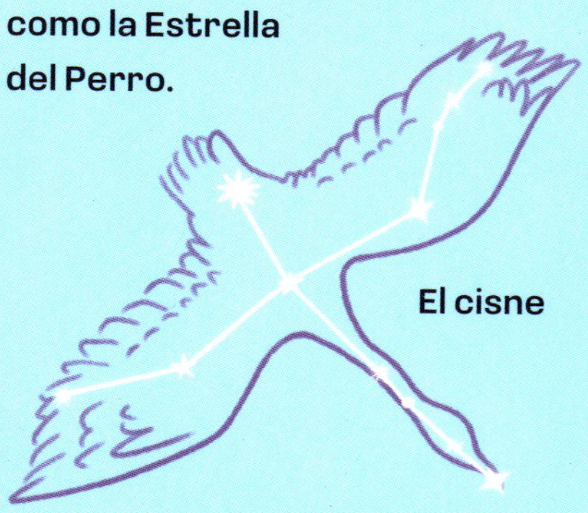

El cisne

HÉROES CLÁSICOS

Hay muchos héroes legendarios en las constelaciones. Hércules era un campeón superfuerte, Boyero era un granjero y Orión era un cazador. Orión es fácil de encontrar, ya que su cinturón está formado por tres estrellas alineadas en línea recta.